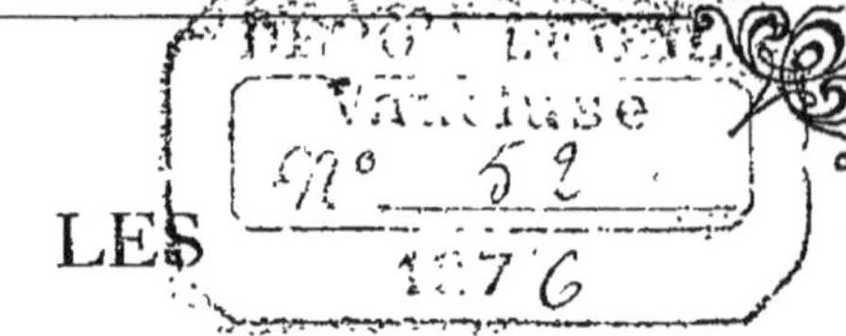

LES ÉLECTIONS DE 1876

PAR

A. de PONTMARTIN

AVIGNON

FR. SEGUIN AINÉ, IMPRIMEUR-ÉDITEUR

Rue Bouquerie, 13.

1876

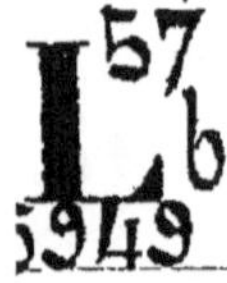

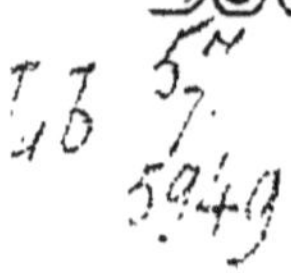

LES ÉLECTIONS DE 1876

I

Je commence par une remarque qui ne glorifie ni le parti républicain, ni notre chère et malheureuse France. Il est bien convenu que le gouvernement monarchique est une école d'immoralité, de corruption, de concussion, de prévarication, de dilapidation, de friponnerie et de désordre. Soit! Il n'en est pas moins vrai que, sous une monarchie quelconque, — j'excepte les monarchies ou les dictatures d'expédient, — la vie politique est pour jamais fermée à tout personnage convaincu :

1° d'avoir trempé dans une affaire véreuse ;

2° d'avoir gaspillé les deniers publics ;

3° d'avoir été, même innocemment, cause d'un grand désastre pour son pays ;

4° D'avoir subi une condamnation judiciaire ;

5° d'avoir trompé ses concitoyens par une série de mensonges et de hâbleries ;

6° d'avoir usurpé une situation qui exigeait des prodiges d'habileté, de sagesse, de dévouement, d'abnégation, de sagacité et de courage, et de n'y avoir déployé que des phénomènes d'incapacité, d'égoïsme, de vanité, d'imprévoyance, d'aveuglement, d'ambition et d'ineptie, etc..., etc..., etc..., etc...

Pour ne citer qu'un tout petit exemple, entre mille autres beaucoup plus gros — une goutte d'eau dans un Océan, — le seul épisode du camp des Alpines, enjolivé de certains comptes de planches, qui n'ont pas été pour nous des planches de salut, aurait, dans les temps de barbarie et de Royauté, suffi à rendre inéligibles deux ou trois honorables de ma connaissance, que la politesse m'empêche de nommer et dont le laurier démocratique n'en est que plus robuste et que plus vert.

Eh ! bien, c'est là un genre d'arguments auquel nous devons renoncer. Dans ce cadre, la discussion est inutile ; nous jouerions à qui gagne perd, et les pointes d'épingles se retourneraient contre la pelotte. Certes, si jamais des candidats à l'Assemblée nationale et au Sénat ont dû être accablés, écrasés, aplatis, anéantis par un impitoyable dossier, s'il dépendait d'une masse de documents et de pièces de conviction de discréditer les courtisans du suffrage universel, le procès serait jugé et la question résolue. A aucune époque, rien de pareil ne fut étalé aux yeux des populations ébahies. Quand il n'y en a plus, il y en a encore. Toutes les commissions y ont passé, et en ont rapporté des trésors. Après les révélations sur les marchés sont venus les renseignements sur les fournitures ; lorsque le chapitre des fournitures est usé — et c'est vite fait, — lorsque nous savons de quelle façon la République du 4 septembre chaussa, nourrit, coiffa, habilla, arma nos conscrits et nos mobiles, arrivent à la file les informations les plus précises et les plus détaillées sur la délégation de Tours et de Bordeaux, sur le 18 mars, sur la Commune. Un pensionnaire des Quinze-Vingts serait métamorphosé en lynx par les torrents de lumière répandus tout à coup sur les ombres discrètes qui couvraient ces saturnales et ces orgies. L'odieux rivalise avec le grotesque, l'indignation est désarmée par l'envie de rire, la colère s'apaise dans le mépris. Chacun a son paquet, M. Gambetta comme M. Jules Favre, M. Challemel-Lacour comme M. Crémieux, M. Arago comme M. Esquiros, le larmoyeur comme le rodomont, le dictateur comme le tribun, le niais comme le traître, le premier rôle comme le comparse. Lettres, décrets, dépêches, télégrammes, se croisent et s'entremêlent dans ce chaos, dénonçant l'impuissance de celui-ci, la démence de celui-là, l'atrocité d'un troisième, le choc incessant des ordres, contre-ordres, contre-sens et non-sens, comme si l'on avait enfin délivré de leur bâillon des milliers de témoins à charge et d'accusateurs authentiques. En lisant ce gigantesque procès-verbal défrayé par ceux qui furent, pendant cinq mois, nos seigneurs et maîtres, on ne sait si l'on veille ou si l'on rêve. Le vertige vous gagne devant ce délire. C'est la ronde du Sabbat, la nuit de Walpurgis de la démagogie triomphante ; ces personnages étranges font l'effet d'acteurs de féerie jouant un mélodrame à leur bénéfice et à nos dépens. On a besoin de réfléchir un moment pour se souvenir que cette féerie et ce mélodrame, ridicules et sanglants, absurdes et ruineux, tachés de boue, de vin et de honte, ont été d'effroyables réalités. Puis le songe se continue ; on se dit : voilà les fautes, voilà les crimes, voilà les coupables ; quel a été le châtiment ? Les expiations, les réparations, les revanches que réclamait la conscience publique, où sont-elles ? Ces hommes qui nous ont fait tant de mal, où sont-ils ? En Belgique, en Suisse, à Genêve, à Londres ? Un peu plus loin peut-être ? Arrivant après cette série de scandales, l'impunité serait un scandale de plus.

L'impunité ! allons donc ! nous sommes loin de compte. Dites la popularité, le haut du pavé, les ovations, les arcs et les chars de triomphe, la glorification, l'apothéose ; vous serez plus près de la vérité ; dites que ces grands citoyens tiennent la corde, et que cette corde, au lieu de faire justice, pourrait bien finir par nous pendre ; voilà la vraie situation le 20 janvier 1876, dix jours avant les élections sénatoriales, trente jours avant les élections législatives. Ajoutez surtout que ces documents, ces renseignements, ces preuves, ces dossiers, ne peuvent rien, absolument rien, pour modifier les conditions des luttes prochaines, pour enlever un seul électeur aux héros de ces aventures. Les plus éloquents écrivains, s'ingéniant à commenter, à colorer, à mettre en relief les rapports de MM. d'Audiffret-Pasquier, Martial Delpit, Appert et Boreau-Lajanadie, y seraient pour leur frais de rhétorique. Les naturalistes prétendent que les plus violentes tempêtes, loin de faire tomber les oiseaux de proie du haut de l'arbre où ils sont perchés, enfoncent leurs serres dans la branche et les y fixent plus solidement encore. Je ne saurais trouver d'image plus fidèle, de comparaison plus exacte. Au fait, c'est déplorable, mais logique. Le suffrage universel, complété par le mandat impératif, traite les questions d'honneur, de conscience, du patriotisme, de supériorité intellectuelle et morale, de services rendus, de maléfices subis, de reconnaissance ou de rancune nationale, comme les chemins de fer ont traité les diligences. Il lui faut des candidats faits exprès pour l'usage auquel il les destine. Il serait fort incommodé des délicatesses, des scrupules, des réserves, des fiertés d'un candidat sans peur et sans reproche. Une fois qu'il a signé son traité d'alliance avec le radicalisme et le communisme, tout est dit. Les trois compères ne s'amusent pas aux bagatelles dont se composaient jadis l'honnêteté, le talent, la vertu et leurs contraires. Ils savent par quels liens ils doivent s'attacher le mandataire de leur choix. — « Frappez! s'écrie l'Intimé, j'ai quatre enfants à nourrir. » — « Frappez ! vous crieront-ils ; accumulez arguments sur preuves, dépêches sur télégrammes ; démontrez, pièces en mains, que nos favoris, nos idoles, nos éligibles, nos élus, ont un passé désastreux ; que nous importe leur passé, s'ils nous livrent l'avenir? Que nous importent le désordre de leur vie, l'absurdité de leurs doctrines, la part qu'ils ont prise aux calamités de la France, si cette part, ces calamités, ces doctrines, ces désastres, s'accordent avec nos convoitises ? Plus vous les noircirez d'après vos idées à vous, mieux nous sentirons qu'ils nous appartiennent, qu'ils sont nôtres, qu'ils n'ont rien à nous refuser, qu'un même intérêt nous unit, que nous sommes créés les uns pour les autres. Vous vous obstinez à nous apprendre ou à nous rappeler des choses qui, selon vous, devraient changer nos bulletins. Eh ! bien, si vous aviez eu l'esprit de vous taire, notre candidat n'aurait eu que quinze mille voix ; à présent que nous connaissons tout ses mérites, il en aura vingt mille !.. »

Vous le voyez, ce qui, sous un autre régime, aurait fait notre force, ferait aujourd'hui notre faiblesse. Est-ce à dire que nous soyons réduits au silence ; que, à la veille de cette crise suprême, au moment où va se décider le sort de la France, les hommes d'ordre, les conservateurs, soient condamnés à se prêcher, à se haranguer, à se persuader et à se convertir entre eux ? Non, mille fois non ! il ne s'agit que de déplacer nos batteries, de parler un autre langage, de porter la polémique sur un autre terrain.

II

Avant de pénétrer dans le vif de notre sujet, j'adresserai un conseil amical aux conservateurs. Malgré bien des intempéries, ils ont encore bon nombre d'atouts dans la main. Leur succès peut être compromis par deux obstacles, que je qualifie en deux mots : la nuance et la concurrence.

Les nuances, ou, en d'autres termes, les dissentiments de détail ! Question délicate, que j'aborde avec appréhension et respect. Rien de plus respectable, en effet. C'est affaire de conscience ; or les intérêts peuvent transiger, les consciences jamais. Aussi, n'est-ce pas aux intérêts, au calcul, à la peur, aux préoccupations personnelles que je me permets d'en appeler, mais aux consciences les plus droites. Tout honnête homme, tout bon citoyen porte en soi une lumière, préférable même aux couleurs de sa cocarde, même aux phrases de son journal. Qu'il la consulte ; elle lui montrera son devoir dans cette crise électorale qui ne ressemble à aucune autre, qui peut nous sauver ou nous perdre, et où les préférences de chacun s'absorbent dans le salut de tous. Un instinct infaillible lui dira quel est, parmi ceux qui ne pensent pas tout à fait comme lui, l'homme qui a le mieux mérité sa confiance et son estime, le candidat auquel le rallient les grandes vérités sociales, les grandes idées de religion, d'ordre, d'autorité, de résistance. Songez que c'est une bataille — et quelle bataille! — et que, dans le fort de la mêlée, il s'agit seulement de savoir qui tire sur nous et qui tire avec nous, qui nous défend et qui nous fusille. Plus tard, s'il le faut, on s'orientera, on se comptera, — hélas! on se divisera peut-être; mais, pour le moment, jusqu'à la fin de ce mois de février qui rappelle de tristes anniversaires, nous ne nous partageons qu'en trois catégories; les amis, les alliés, les ennemis; et ces ennemis, nous n'en reconnaissons que d'une espèce..... Ai-je besoin de la nommer?

Je suis plus à l'aise avec la concurrence, ou, si l'on veut, l'embarras du choix en fait de candidatures. Ici le moraliste peut prendre à son tour la parole, et un peu de morale ne messied pas contre des gens qui en manquent.

On l'a dit avec raison, la contradiction est une des faiblesses de notre nature. Depuis six mois, depuis surtont l'équipée sénatoriale de la défunte Assemblée, vous ne rencontrez pas un homme sérieux, sage, éclairé par de douloureuses expériences, qui ne vous dise : « Se poser comme candidat aux prochaines élections ! quel courage ! La gueule du loup n'est rien en comparaison. Qui sait ce que l'imprévu, ce dieu révolutionnaire, réserve à ceux de nos amis qui vont être jetés dans cette fournaise ? c'est un honneur sans doute, mais c'est encore plus un péril. Pour moi, si mon frère ou quelqu'un des miens était nommé sénateur ou député, je ne me réjouirais pas plus qu'une mère de famille qui voit son mari ou son fils partir pour la guerre... Souvenez-vous de décembre 1851, de février 1848 et de juillet 1870. Les circonstances semblaient bien moins graves qu'aujourd'hui ; et cependant ! qu'a-t-il fallu pour foudroyer et anéantir, tantôt pairs et députés, tantôt représentants du peuple, tantôt Sénat et Corps législatif ? Moins que rien : une Révolution que nul ne pouvait pressentir ; un coup d'État que tout pouvait faire avorter ; une guerre qui nous promettait la victoire ; quelques heures, une matinée, une nuit. Or, ce qui était alors invraisemblable est à présent presque certain ; ce qui n'était qu'un point noir est devenu l'horizon tout entier... Oh ! oui, décidément, en face d'éventualités pareilles, chercher à se faire nommer député ou sénateur, c'est avoir plus de bravoure que d'ambition, plus d'abnégation que de vanité ! »

Tout cela est vrai, et c'est justement pour cela que nous voyons tant d'hommes de cœur s'offrir pour aller au-devant du danger, pour occuper le premier rang sur la brèche, pour subir les premières morsures du tigre démagogique. Non, ils ne sont pas ambitieux, ils sont intrépides ; ils ne sont pas orgueilleux, ils sont dévoués. Rien de plus honorable ; mais si on leur prouvait qu'il y a plusieurs sortes de dévouement, qu'ils peuvent faire acte du patriotisme le plus méritoire, le plus utile, en restant paisiblement chez eux, dans leur robe de chambre et leurs pantouffles, à l'abri de la tourmente, entourés de leurs enfants et de leurs petits-enfants, taillant leur vigne, semant leur blé, protégeant leurs oliviers contre le verglas et la neige, préparant des fleurs pour leur printemps et des gerbes pour leur été ? Le moyen est bien simple : Éviter, avant tout, l'encombrement des candidatures, le conflit des amours-propres ; étouffer surtout ce mauvais sentiment qui, dans les âmes irascibles et susceptibles, finit par préférer le succès d'un ennemi au triomphe d'un rival ; étudier soigneusement le terrain, et, si l'on reconnaît que l'on a plus de bonne volonté que de chance, que tel ou tel candidat est plus sûr de son fait et peut rendre plus de services, s'abstenir, se désister, prendre l'initiative de cette sage retraite que l'amitié n'ose pas toujours conseiller ; employer à faire réussir ce concurrent d'hier, devenu le sauveteur d'aujourd'hui, l'influence que personne ne vous conteste, qui n'aurait pas suffi à votre victoire et qui peut contribuer à la sienne. Qui sait ? Pour bien des hommes encore jeunes, encore aux premières phases de leur vie publique, ce désistement opportun, s'il n'était la plus généreuse et la plus patriotique des abnégations, pourrait être encore le plus spirituel des calculs, le meilleur des placements. Ils ne dépossèdent leur présent que pour enrichir leur avenir ; cette expropriation volontaire leur vaudra peut-être, à courte échéance, de magnifiques indemnités. Par ce léger sacrifice qui ne leur coûte qu'une chance bien vague, ils grandissent au lieu de s'amoindrir ; ils se concilient l'estime de leurs adversaires, multiplient le chiffre de leurs amis, désarment ces inimitiés fatales qui naissent parfois, en dehors de la politique, entre des hommes d'un même parti. Ils s'assurent la première de ces places dont les incertitudes de la vie humaine ont si vite fait des vides. Songez que, si les sénateurs Romains s'appelaient Pères Conscrits, la pluparts des nôtres sont beaucoup moins conscrits que pères !

« — C'est souvent une bien bonne chose

qu'une démission donnée à propos ! » dit le principal personnage de la comédie de *Bertrand et Raton*. Qu'est-ce qu'un désistement, sinon une démission préventive ? Je vous citerai aussi ce mot d'un homme d'esprit, dont l'ami le plus intime venait de faire jouer une tragédie outrageusement sifflée : « — Il lui était si facile de ne pas la faire ! » — Il est si facile de ne pas être candidat ! — Ah ! si tout le monde était de mon avis ! Il est vrai que, si tout le monde était de mon avis, nous assisterions à un spectacle épouvantable : on ne trouverait plus personne qui voulût être sénateur ou député. Le régime parlementaire, ce bienfaiteur de l'humanité, finirait comme le combat du Cid, faute de combattants. Je frémis rien que d'y penser.

Voilà le terrain déblayé, les obstacles aplanis. Accord de tous les conservateurs, pistes de conciliation et d'apaisement ; renoncement spontané et volontaire des candidats qui n'ont pas de chances ou qui en ont moins, au profit de ceux qui en ont davantage, de façon à faire bénéficier de tous les appoints le chiffre principal et à remplacer la division par la multiplication. — Et maintenant j'arrive à vous, mes chers amis, mes chers RURAUX, à vous qui pouvez nous sauver encore, et qui êtes, dans ma pensée, les héros, les sujets, les vrais lecteurs de ces pages ! C'est à vous que je les destine et que je les dédie. Un demi-siècle de relations cordiales, d'intérêts mis en commun, a créé entre nous des liens indissolubles. Les RURAUX ! que de souvenirs ce mot nous rappelle ! Il était, il y a cinq ans, synonyme de raillerie et d'insulte dans la bouche de ceux qu'irritaient les élections du 8 février 1871 parce qu'elles mettaient fin à leur règne, et qui vous flattent aujourd'hui parce qu'ils ne peuvent rien sans vous. Ils vous injuriaient alors ; aujourd'hui ils vous trompent. C'est ce que je vais essayer de vous prouver sous ce simple titre : LEURS ARGUMENTS ET LES NOTRES. Mais, avant tout, laissez-moi vous dire, dans toute la sincérité de ma conscience, dans toute l'expansion de mon cœur, dans toute la franchise de mon amitié, ce qui pourrait me servir d'épigraphe :

« — Si je croyais qu'il y eût une chance sur mille — une chance sur mille, entendez-vous bien ? —, pour que des élections républicaines et radicales pussent ajouter à votre bien-être ou adoucir vos souffrances, je me hâterais de jeter ma vieille plume, et je vous dirais : « Votez pour qui vous voudrez ! »

III

C'est donc à vous que je m'adresse, électeurs de la campagne ! Vous croyez, n'est-ce pas ? que je vais vous faire des phrases, un sermon peut-être ? J'en aurais bien envie, puisque ce serait un moyen de vous prouver mon estime ; car enfin, je ne puis admettre que cinq ans de République aient fait table rase dans vos consciences et dans vos âmes ; que vous en soyez arrivés à ne plus croire qu'aux vils appétits de la matière ; que désormais votre politique et votre religion consistent à penser et à dire, sur toutes choses, le contraire de ce que dit et pense votre curé. Non, vous ne voulez pas que l'on vous confonde avec ceux à qui Roumanille, notre cher poëte populaire, a délivré l'indélébile brevet d'*Entarro-chin*, avec ceux qui mettent leur orgueil à se déclarer petits-fils de singes et à mourir comme des bêtes après avoir vécu comme des brutes. Vous valez cent fois mieux que cela ! les cordes immortelles, la foi, la charité, la confiance en Dieu, l'amour du prochain, la résignation aux dures épreuves de la pauvreté et du travail, le respect du bien d'autrui, la distinction du *tien* et du *mien*, rien de tout ce qui relève et honore l'humanité n'est effacé de vos cœurs ; je suis sûr que j'en trouverais encore le chemin, si je vous disais : « Il y a plus de vérités dans dix paroles de votre curé que dans tous les discours des charlatans et des sophistes qui essaient de vous pervertir et de vous séduire. Il vous parle, lui, de votre salut, qui vous indemnisera au centuple de tout ce que vous souffrez ici-bas ; ils vous abusent, eux, de promesses chimériques, afin que vous les aidiez, tout en restant pauvres, à devenir de gros personnages, à conquérir de beaux traitements et de bonnes places, à s'enrichir de ce que vous perdrez, et à se rendre redoutables pour cesser d'être méprisés. — « Aimez-vous les uns les autres ! » Ce divin précepte, qui contient tout le secret des consolations de ce monde et des félicités du ciel, n'a pas de contradicteurs plus acharnés et plus implacables que les radicaux. Leur programme, c'est la haine, c'est l'envie, c'est le fiel ; c'est l'excitation permanente de toutes les passions corrosives ; c'est la guerre au bon Dieu en la personne des riches auxquels il ordonne de vous secourir, et des pauvres qu'il peut seul sauver du désespoir ; c'est la prétention insensée de réaliser par en bas des réformes qui ne peuvent réussir que par en haut ; c'est la rage de tout renverser sans être capable de rien reconstruire ; c'est cet orgueil satanique qui aime mieux régner sur des ruines qu'accepter les vraies conditions d'une société régulière ; c'est enfin le soin impie, barbare, d'irriter toutes les plaies, d'envenimer tous les griefs, d'exacerber toutes les rancunes, d'ameuter la foule contre l'élite, le travail contre la propriété, l'individu contre la famille, le vice contre la vertu, l'ignorance contre le savoir, la pauvreté contre la richesse. Un éloquent écrivain, M. de Tocqueville a dit cette belle parole : « La charité du pauvre, c'est de ne pas haïr le riche. » — Prenez le contrepied de cette maxime ; vous aurez toute la politique radicale.

Eh ! bien, non ! encore une fois, je me trompe ; je cède à mes vieilles habitudes de littérateur et de journaliste. Revenons vite à nos moutons ; à ces moutons que les révolutionnaires savent si bien tondre. Nous sommes des travailleurs de la terre ; c'est terre à terre que nous devons discourir et discuter. Nous allons causer comme s'il n'y avait plus ni religion, ni morale, ni conscience, ni justice, ni vie future, ni règles d'honnêteté et de probité ; rien ; le vide, le néant. Devant vous, l'urne électorale ; dans votre main droite, le bulletin des conservateurs ; dans votre main gauche, le bulletin radical ; et pas d'autre loi, pas d'autre mobile que votre intérêt. En d'autres termes, je le répète: LEURS ARGUMENTS ET LES NÔTRES.

Leurs arguments ! il en est un auquel je ne voudrais pas croire, si je ne l'avais vu, de mes propres yeux vu dans plusieurs de leurs journaux et dans des correspondances répandues à profusion. — « Si vous votez pour le candidat conservateur, vous disent-ils sans rire, vous tomberez sous le joug du *Syllabus* ! »

Du *Syllabus* ! Qu'est-ce que le *Syllabus ?* allez-vous me demander. Est-ce une plante ? une bête féroce ? une nouvelle maladie de la vigne, des vers à soie ou des pommes de terre ? Non, mes amis ! Vous dire : « Votez pour le candidat conservateur, et vous tomberez sous le joug du *Syllabus,* » — c'est exactement comme si on vous disait : « Votez pour le candidat conservateur, et, le lendemain, vous serez empalés par ordre du Grand-Turc ou du Calife de Bagdad ! »

Amusons-nous encore un peu ; en temps de République et d'élections, les occasions sont si rares ! Les radicaux nous ont fait, nous font et nous feront assez gémir ; il est juste qu'ils nous fassent rire. Vous voilà donc, mon brave Simon ! Vous avez voté pour le candidat des hommes d'ordre ; très-bien ! Il est nommé : — encore mieux ! — Il a les *bras longs,* comme nous disons au village, et vous allez lui demander un service. Ici, puisqu'il est convenu que nous nous enfermons strictement dans le cercle des intérêts, j'ouvre une parenthèse éclatante de couleur locale. Venez avec moi sur le pont d'Avignon. Nous avons, d'un côté, le Gard, de l'autre, Vaucluse. Depuis cinq ans, le Gard a eu des députés conservateurs, Vaucluse des députés écarlates. Eh ! bien, j'offre de parier cent contre un, que les cinq ou six députés de Vaucluse n'ont pas rendu, dans cet espace de cinq années, autant de services collectifs ou individuels qu'un seul des députés du Gard en une semaine. Si l'on prétend le contraire, je me ferai, au besoin, soutenir par toute une école d'artillerie. Bagatelles, je le sais ; vétilles, j'en conviens ; un grand citoyen est au-dessus de ces petitesses. Ses électeurs ne veulent pas leur bien, mais le nôtre.

Vous voilà, mon cher Simon, demandant à votre élu un congé pour votre fils, une place à l'octroi pour votre neveu, l'adoucissement d'un procès-verbal pour délit de chasse ; ou bien, si vous êtes maire, adjoint ou conseiller municipal de votre commune, quelque chose de plus grandiose : un canal, un pont, un chemin. — Attendez, mon ami ! vous dit le député ou le sénateur ; avant tout, quel est votre avis sur le *Syllabus ?* Si vous êtes contre le *Syllabus*, non-seulement je refuse net de vous obliger, mais je vous préviens qu'il vous arrivera malheur. L'Inquisition, dont je fais partie, vous enverra ses sbires, et vous serez heureux si vous en êtes quitte pour trois ans de prison et trois mille francs d'amende ! »

Redevenons sérieux, et ne vous figurez pas que j'esquive une explication à l'aide de médiocres plaisanteries. Pour les révolutionnaires, athées, libres penseurs, ennemis de l'Église, ce *Syllabus* est un symbole ; il signifie *ultramontanisme. Ultramontanisme* ! voilà encore un mot qui ne vous semble pas très-clair. Vous allez me demander si c'est le nom que les savants de Paris donnent au phylloxera qui a tué vos vignes, à l'alizarine artificielle qui a frappé de mort vos garances, à la maladie qui décime vos mûriers, à la sécheresse qui brûle vos blés et vos luzernes, ou aux importations de soies étrangères qui déprécient vos cocons. Si ce n'est rien de tout cela, j'ai le droit d'ajouter ceci : Vous êtes-vous aperçus, depuis quinze ou seize ans, que ce terrible *Syllabus* ou ce formidable *ultramontanisme* ait jeté un sort à votre troupeau, fait verser votre charrette, détérioré votre bétail, croqué votre volaille, diminué le produit de vos cultures, ou même gêné votre liberté d'action, quand il vous plaît d'aller à la ville, le dimanche, pour causer de vos affaires ou prendre votre café ? Non, n'est-ce pas ? Et vous vous tiendriez pour bien contents, si la République, l'incertitude des événements, la dictature de l'inattendu, les menaces des communards, les variations inouïes du parlement, n'avaient pas exercé plus de ravages dans vos modestes fortunes et vos laborieuses existences ! A la bonne heure ! Vous êtes dans le vrai. Maintenant voici tout ce que nous avons à savoir, nous autres ruraux, sur l'*ultramontanisme* et le *Syllabus*.

Ce sont les armes spirituelles, c'est-à-dire, selon le monde, inoffensives, du plus auguste, du plus saint, du plus doux des souverains et des pontifes. La Révolution l'a dépouillé, l'impiété l'a outragé ; ses sujets ont répondu à des prodiges de bonté par des prodiges d'ingratitude. Désarmé, insulté, prisonnier dans son propre palais, il proteste contre la plus inique des spoliations, contre la plus odieuse des politiques, contre les idées révolutionnaires qui vous ont fait plus de mal qu'à lui, — car le ciel lui reste, et vous, que vous reste-t-il ? — par des anathèmes ? des violences ? des récriminations ? Des plaintes ? Non ! par un recours à la force invisible qui triomphe tôt ou tard des méchants et des superbes ; en usant de ses prérogatives pour affirmer cette puissance idéale, indestructible, impérissable, qu'il tient de son divin Maître, et qui le fait plus grand dans sa solitude et son dénûment que les plus redoutables de ses persécuteurs. Mais soyez certains que, dans cette phase nouvelle de la Papauté, Pie IX n'a pas cessé d'aimer la France, qu'il déplore ses malheurs et ses fautes, qu'il prie pour elle et pour nous ! Soyez certains surtout qu'il ne vous demande rien, qu'il comprend admirablement que la France ne peut plus s'occuper que d'elle-même ; qu'il ne vous coûtera pas un homme, pas un écu ; que le plus fervent de ses serviteurs, le plus dévoué des catholiques français, pourra bien déposer à ses pieds la moitié de son revenu, mais non pas rêver l'impossible et réclamer, même pour la plus sainte des causes, ce qui appartient en entier à la glorieuse mutilée de Reishoffen et de Sedan, de Metz et de Strasbourg... Ah! puisque, malgré les efforts de vos corrupteurs, vous n'êtes pas encore tout à fait incrédules, priez Dieu qu'il ne vous suscite jamais d'autres ennemis, d'autres oppresseurs que ce pacifique vieillard, élevé par sa sainteté au-dessus de toutes les adversités et de toutes les grandeurs humaines !

Voilà, mes amis, le *Syllabus*. Nos adversaires n'ont-ils pas d'autres arguments ? Ce serait trop fort.... ou trop faible ; quelle que soit leur habitude de vous prendre pour dupes, c'est-à-dire, en bon français, de se moquer de vous, ils en ont d'autres, plus spécieux, peut-être, mais non pas plus sérieux.....

IV

Nous voici arrivés à des arguments plus palpables, moins lointains et moins latins que le *Syllabus*. Sans doute des surprises nous attendent. Les radicaux ont tant d'imagination ! Il leur en faut une dose si énorme pour remplacer les réalités qui les accablent par les chimères qui les accréditent ! Leur premier ténor, M. Gambetta, pendant toute sa dictature, n'a-t-il pas *imaginé* des victoires, des armées, des généraux, des plans stratégiques, des villages, des fleuves, des cartes de géographie, qui n'ont jamais existé que dans son cerveau, et qui ont abouti... au traité de Francfort ?

Hélas ! hélas ! au moment où j'espérais, faute de mieux, quelque chose d'original, me voici en face des mêmes formules, des mêmes *rengaines*. Nos adversaires ressemblent à ces vaudevillistes du vieux jeu, qui, sous prétexte qu'un bon mot leur a réussi en 1836, le répètent à satiété jusqu'en 1876. On pourrait aussi les comparer à ces aubergistes d'autrefois, qui, sachant les voyageurs trop pressés pour s'inquiéter du dessert, leur servaient, deux ans de suite, les mêmes biscuits et les mêmes macarons. Franchement, mes bons amis, si j'étais à votre place, je voterais pour le candidat conservateur, et si les meneurs du parti rouge me demandaient pourquoi, je leur répondrais : « C'est afin de vous punir de m'avoir pris pour un imbécile ! »

Oui, voilà le défilé traditionnel : l'ancien régime, la question, la dîme, la corvée, la torture, la gabelle, le droit du seigneur, les grenouilles... Ah ! la grenouille ! Certains hommes du 4 septembre doivent la connaître ; ils l'ont si souvent mangée !

Le compte y est, et ce sont, en effet, les calamités qui vous menacent, si vous nommez les candidats qui ne vous sont pas recommandés par l'*Événement* et le *Rappel*. A ce propos, permettez-moi d'abord de vous raconter une petite histoire. On peut faire de la morale avec des anecdotes non moins qu'avec des conseils.

Il y a quatre ans, je fus candidat malheureux au Conseil général. Mon vainqueur, — que l'on n'a plus revu, et qui m'a laissé sur les bras tous ses électeurs, — obtint un magnifique succès oratoire qui prépara son triomphe électoral. Il allait de commune en commune, et, quand la foule idolâtre était réunie dans la grande salle du café, il s'écriait : « Si le candidat *blanc* est nommé, cachez vos filles ! » — Cachez vos filles ! Ceci m'ouvrait des perspectives de lis et de rose, qui n'étaient pas à dédaigner. Vous voyez d'ici la scène. On jouait, dans mon jeune temps, un opéra-comique, dont le héros possédait un anneau, donné par un magicien, qui le rendait irrésistible. Il n'avait qu'à le tourner d'une certaine façon, et crac ! Annette, Colette, Denise, Babet et Georgette se disputaient ses sourices. Le

Conseil général devenait pour moi un talisman du même genre. J'arrivais dans une commune, et j'ordonnais au bailli, — non, je me trompe, — au maire, de me présenter Colette. — Mais, Monsieur, me disait la blonde enfant que je suppose légèrement teintée de littérature et d'esthétique, vous seriez aisément mon grand'père.. Vous êtes venu au monde le jour où Mathusalem a été sevré... Vous n'offrez que des ressemblances bien lointaines avec l'Apollon du Belvédère et l'Hercule Farnèse... — C'est comme cela que vous le prenez !.. — Je tirais de ma poche ma médaille de conseiller général, médaille qui n'existe pas. — Ah ! vous m'en direz tant ! murmurait la victime fascinée... — Oh ! non ! en vérité, c'est trop bête ; vous devez tous, je le répète, voter pour les candidats conservateurs, ne fût-ce que pour prouver que les Français ont de l'esprit, et que les Provençaux en ont encore plus !

Maintenant, raisonnons, et passons de l'anecdote, qui est l'histoire en déshabillé, à l'histoire, qui est l'anecdote en grand costume. De 1792 à 1814, combien comptez-vous d'années ? — Vingt-deux. — Bien ; assurément c'est un espace considérable dans la vie humaine. Cependant ceux que, par extraordinaire, la Révolution n'avait pas guillotinés ou massacrés, pouvaient, sans trop d'invraisemblance, avoir eu l'âge de raison en 1792, et n'être pas tout à fait des vieillards en 1814. On en voyait qui passaient, pauvres et tristes, devant les châteaux et les hôtels possédés par leurs ancêtres ; d'autres qui se logeaient misérablement en garni pendant que les acquéreurs de biens nationaux roulaient carrosse et touchaient les revenus des terres patrimoniales. Les souvenirs étaient tout récents, les traditions étaient toutes vivantes, les blessures saignaient encore ; le grattoir républicain, quoique manié par le bourreau, n'avait pas réussi à effacer les noms et les écussons gravés sur les portes cochères. D'autre part, la France, vous le savez, ressemble à une jolie femme, et c'est pour cela sans doute que nous l'aimons tant ! Comme les jolies femmes, une contrariété, dans ses jours de bonheur, l'exaspère et lui donne une de ces attaques de nerfs qui s'appellent Révolutions. Vienne le coup de foudre, la catastrophe écrasante, l'expiation impitoyable, elle accepte tout avec une résignation exemplaire. En 1814, elle était dans un de ces moments où, pour en finir avec ses douleurs et ses angoisses, elle ne lésine pas sur le prix de sa rançon. Épuisée par quinze ans de guerre, trois ans de désastres et trois mois d'invasion, elle mettait sa politique dans sa lassitude, et eût salué l'ancien régime, pourvu qu'il la délivrât de l'Empire. Semblable aux malades que leur faiblesse rend indifférents à tout, excepté au bonheur de n'être pas morts, notre pays ne demandait plus d'autre liberté que la liberté de vivre. Il n'y avait plus, dans nos campagnes, un homme valide pour mener la charrue ou faire la moisson ; la conscription, les rappels de classes et les levées en masse y avaient mis bon ordre. Sur vos terres en friche on ne rencontrait que des veuves et des orphelines, des sœurs et des mères, et celles-là, si on leur eût parlé de la dîme, auraient répondu qu'elle n'en connaissaient pas de plus cruelle que celle qui leur prenait la joie de leur maison, le pain de leur famille, les lambeaux de leurs cœurs et le sang de leurs veines.

Louis XVIII avait plus d'esprit qu'il n'en fallait pour deviner cette situation si favorable aux retours d'un passé réhabilité par le présent ; mais il en eut assez pour comprendre qu'il avait mieux à faire, que sa mission était de traiter la France en convalescente et non pas en coupable, de rassurer les intérêts et non de légaliser les rancunes. Ni sous son règne, ni sous celui de son successeur, il n'a été un moment question de rétablir un seul des abus, une seule des institutions de l'ancien régime. Si l'on vous dit que ce fut pour le ramener que Charles X signa les fameuses ordonnances, et pour l'arrêter au passage que le *sublime* peuple de Paris fit la Révolution de Juillet, c'est un double mensonge. Ces ordonnances n'avaient d'autre but que de fournir à la Royauté des armes défensives, de l'aider à repousser des attaques perfides, violentes, incessantes, venimeuses, qui, chaque jour, tendaient à renverser le trône, et qui, malheureusement, y réussirent. Rien de moins, rien de plus. En revanche, savez-vous comment cette monarchie si odieusement calomniée s'acquitta de sa tâche de conciliation, de réparation et d'apaisement ? Au lieu d'inquiéter les possesseurs des biens d'émigrés et des biens d'Église, un ministre, qui fut impopulaire dans son temps et qui reste illustre dans l'histoire, trouva une combinaison admirable qui tranquillisait le fait sans infirmer le droit, consolidait la propriété sans consacrer la spoliation et enrichissait l'État sans aggraver l'impôt. Il fit voter l'indemnité des émigrés et créa le trois pour cent. Aussitôt la valeur de tous les immeubles s'accrut de plus d'un tiers. La sécurité rendue aux uns, la satisfaction donnée aux autres, confondirent dans le bien-être général les appréhensions et les regrets. Les finances prirent un essor inouï ; la prospérité publique se développa dans des proportions prodigieuses..... Oh ! mes amis, quelle époque ! quel âge d'or ! demandez à nos *anciens* si je vous trompe. Dieu bénissait nos récoltes ; nos tas de blé cachaient le soleil. Nos vers à soie montaient comme des soldats à l'assaut ; nos vignes crevaient de santé. Nos garances, ces pauvres garances que vous êtes forcés de vendre à bas prix ou de laisser pourrir dans vos terres, valaient quatre-vingts francs les cinquante kilos, et, sans la Révolution de 1830, la hausse ne se serait pas arrêtée. C'est de ces bienheureuses années que datent toutes les fortunes qui se sont solidement faites dans l'agriculture et le commerce. Si nous avons pu depuis lors résister à tant de secousses, si l'adversité nous a entamés sans nous détruire, si la France, après d'effroyables désastres, offusque de son crédit les consommateurs de ses milliards, c'est qu'elle avait fait, sous cette Restauration la bien nommée, des provisions telles que trois Révolutions, deux Républiques et un Empire n'ont pas réussi à les épuiser. Et au-dehors, quel rayonnement ! quel regain de gloire ! Navarin pour la poësie ! Alger pour l'honneur, la civilisation et la justice ! Alger dont la conquête a marqué une nouvelle ère pour notre littoral et fait de Marseille notre seconde capitale ! Est-ce tout ? pas encore ; nous allions avoir.. mais non ! je pense à ce que Charles X allait nous rendre, à ce que la Prusse nous a pris, et je n'ai pas le courage d'achever.

Voilà comment les deux frères de Louis XVI, traits d'union entre l'ancienne société et la société nouvelle, empêchèrent l'une de regretter, l'autre de craindre cet ancien régime dont on ose vous parler encore. Ce qu'ils n'ont pas fait, ce qu'ils n'ont pas voulu faire, quel est, je vous le demande, le fou, le maniaque, l'halluciné, le somnambule, le centenaire, l'exhumé, qui s'amuserait à le rêver ? Rêver, quoi ? Des choses disparues, pulvérisées, éteintes, étouffées sous la cendre des Révolutions comme Herculanum et Pompéï sous les laves du Vésuve ; des fantômes dont le linceul nous resterait dans la main ; des miettes d'un festin dont les convives et les témoins sont, depuis un demi-siècle, scellés dans la tombe ; un état social dont la tradition est perdue, une machine dont les rouages refuseraient de fonctionner; un édifice dont les décombres n'ont plus de sens que pour les antiquaires ; un anachronisme séculaire, en contradition flagrante avec nos idées, nos mœurs, nos usages, avec tout le matériel du monde moderne ! Allons donc ! Ce n'est pas sérieux ! Quand les meneurs du radicalisme, quand les grands électeurs de la démagogie vous disent : « Garde à vous ! gare l'ancien régime ! » ils n'en pensent pas un mot ; c'est une façon de cacher leur jeu, de masquer leurs batteries, de dissimuler leur pensée ou leur arrière-pensée véritable. Si vous avez vu *Robert-le-Diable*, — et n'êtes-vous pas, comme Robert, tiraillés entre le bon et le mauvais ange ? — vous savez qu'on hisse, au troisième acte, un rideau pour donner au machiniste le temps de changer le décor ; décor infernal où le diable va faire des siennes. Les radicaux ont, eux aussi, un rideau d'entr'acte, un rideau provisoire ; sur celui-là ils écrivent *Syllabus, ancien régime, corvée, dîme, droit du Seigneur*, et autres billevesées. Que préparent-ils sur le théâtre, dans les coulisses, derrière la toile ? Je vais vous le dire.

V

Donc, lorsqu'on vous dit : *Syllabus*, ancien régime, féodalité, priviléges, voici la traduction libre :

Pour les chefs, pour l'état-major du radicalisme, pour ceux qui exploitent à leur profit les passions et les convoitises de leurs dupes : Guerre aux riches ! et, afin de les dépouiller sans les faire crier, impôt de 50 pour 100 sur les successions ; puis impôt triplé ou quadruplé sur le revenu.

Pour ceux qui ont l'air de les suivre en attendant qu'ils les précèdent, et qui ne consentent à les servir que dans l'espoir de les dévorer, le partage ou le pillage.

Très-bien ! ce programme a du moins le mérite de la clarté ; pour le discuter, ce n'est plus de la rhétorique qu'il nous faut, pas même du raisonnement : c'est de l'arithmétique.

GUERRE AUX RICHES ! Je comprendrais ce cri du cœur, si, en supprimant les riches, on pouvait supprimer les pauvres. Mais, si je vous prouve que, le jour où il n'y aurait plus de riches, les pauvres souffriraient cent fois davantage, que deviennent ces larmes de crocodile démagogique ? Que deviennent ces déclamations à la fois sentimentales et furibondes sur l'inégalité des conditions, sur l'injustice sociale qui donne tout aux uns et refuse tout aux autres ?

L'Impôt sur les successions semble, au premier abord, assez plausible. Voilà un homme riche, dont vos doctrines et votre triomphe n'ont pas encore fait un ci-devant riche. Il meurt ; ses enfants héritent ; ils n'ont eu que la peine de naître ; ils doivent au hasard ce que leur père avait acquis par des années de travail, d'économie, de patience, ou par des efforts d'intelligence et de talent.

Il meurt ; cela est bientôt dit, et surtout sera bientôt fait, si la République veut l'y aider un peu ; mais supposez que, par distraction, elle le laisse vivre, et que, pour taquiner nos nouveaux législateurs, il s'obstine à ne pas mourir. Voilà les prolétaires communards qui vous ont nommés, que vous avez grisés de promesses, obligés d'ajourner de vingt ou trente ans leur espérance et leur appétit, et peut-être de léguer, eux aussi, à leurs enfants, cette singulière hypothèque sur des biens dont ils n'auront pas joui, sur des noces de Gamache dont ils n'auront eu que la fumée ! Vous figurez-vous les électeurs de Naquet et de Marcou, de Madier-Montjau et de Georges Périn — et bientôt de Rochefort et de Ranc, — les logiciens de Belleville et de Velleron, d'autant plus traitables qu'ils seront plus affamés, d'autant plus soumis à la Loi qu'ils auront moins peur des gendarmes ; vous les figurez-vous tombant en arrêt devant un château, un hôtel, un parc, une futaie, une prairie, et s'écriant avec un enthousiasme bien senti : « Voilà un gaillard qui jouit de son reste ! mangera bien qui mangera le dernier ! Voyons ! Pour le moment, je meurs de faim ; mais, dans un quart de siècle, la moitié de ces scandaleuses richesses retournera à l'État. L'État, qui n'en aura pas besoin, et dont les finances seront entre les mains les plus pures, se chargera de la distribution. Nous sommes en 1876. En 1906, si je suis encore de ce monde, j'aurai ma part du gâteau, et, dans tous les cas, mes enfants rouleront sur l'or... Jusque-là patientons et serrons-nous le ventre... Décidément, nos élus sont nos bienfaiteurs, et tout est pour le mieux dans la meilleure des Républiques... Vive Marcou ! Vive

Naquet ! Vive Duportal ! » Comme c'est logique ! comme c'est probable !

Non, non ! Les chefs radicaux, prodigues de promesses qu'ils ne peuvent pas tenir, seront punis par où ils pèchent. Le lendemain de leur triomphe définitif sera la veille de leur châtiment. Ceux qu'ils érigent en instruments de leur règne deviendront les instruments de leur supplice. Au fond, une fois arrivés, le *statu quo* ne leur déplairait pas... Ils étaient si bas, et ils seraient si haut ! Siéger à l'Assemblée ou au Sénat, toucher de bons traitements, infliger à des hommes éminents ou honnêtes l'humiliation de les appeler leurs collègues, gouverner le pays à leur guise, ils n'en demanderaient pas davantage. Illusion ! Mensonge ! La République, leur République peut leur donner beaucoup de choses, l'argent, les places, la bombance, le crédit, les honneurs à défaut de l'honneur, et, à défaut de l'estime, la puissance ; il y a une chose qu'elle ne peut pas leur donner : c'est le temps d'arrêt, c'est la halte. Elle fera de leur omnipotence la plus horrible des servitudes. Misérables esclaves du *crescendo* démagogique qui est la loi du radicalisme et dont ils auront donné le signal, ils commenceront par lui obéir jusqu'à l'heure vengeresse où il les emportera comme un fétu de paille ou un grain de sable, au milieu du chaos qu'ils auront créé. Aujourd'hui, les Naquet, les Marcou, les Robinet, les Alain-Targé, les Périn, les Ordinaire, sont à gauche de M. Gambetta ; dans six mois, ils seront à droite des héros de la Commune, pour lesquels ils réclament l'amnistie. Dans un an, les citoyens Rochefort, Félix Pyat, Jules Vallès, Vermesch, Ranc, trop intelligents, trop lettrés pour accepter le dernier mot de la démagogie, trop faibles ou trop lâches pour la dompter, seront débordés, absorbés, avalés, par de grands citoyens inconnus qui auront sur eux l'avantage d'ignorer l'orthographe et de remplacer la dictature de l'habit noir par la dictature de la blouse.

Est-ce tout ? Pas encore. Que reprochent

aux riches, — à ces *gueux* de riches, — les puritains du radicalisme ? La mollesse, le sybaritisme, l'abus des jouissances qu'on achète à prix d'or, le tort de dépenser pour leurs plaisirs tout leur superflu. Croyez-vous, par hasard, les corriger en leur apprenant que, après leur mort, l'État socialiste et la démocratie égalitaire seront leurs héritiers ? En vérité, ils seraient bien bons, pour ne pas dire bien bêtes ! Puisque leurs enfants doivent être privés de leur héritage, ont-ils rien de mieux à faire que de manger, comme Jean La Fontaine, le fonds avec le revenu ? Ils ont cinquante mille livres de rente ; ils en dépenseront cent mille ; les *pères prodigues* deviendront des types d'économie bien entendue. La profusion sera la meilleure des épargnes ; ces détenteurs en viager des futures propriétés du pauvre s'amuseront si bien, compteront si peu, jetteront tant d'argent par les fenêtres, qu'après leur mort l'État sera forcé de payer leur enterrement et de n'accepter leur succession que sous bénéfice d'inventaire.

Et remarquez que je raisonne d'après une hypothèse insensée ; que je vous accorde un détail inadmissible, monstrueux, aussi impossible que deux et deux font cinq ; à savoir qu'il ne suffira pas de quinze jours de votre règne pour que ce mauvais riche soit délivré de tout souci au sujet de son testament, pour que votre République fasse du Crésus le plus authentique le Job le mieux réussi !

J'arrive à l'impôt triplé ou quintuplé sur le revenu. Celui-ci paraît plus tangible. Erreur ! Je suppose un groupe, une agglomération, dont voici à peu près le personnel. Un riche (même réflexion que ci-dessus), et quarante-neuf travailleurs, maçons, menuisiers, charrons, forgerons, terrassiers, journaliers, paveurs, jardiniers, qui gravitent autour de ce riche et auxquels il donne de l'ouvrage. Ces quarante-neuf individus paient, en moyenne, un impôt dont le total s'élève à mille francs. Le propriétaire riche en paie quatre mille. Vous supprimez les petites cotes, et vous élevez les quatre mille francs à douze mille. C'est, pour chacun de mes travailleurs, un bénéfice d'environ vingt francs ; mais que vois-je? Voilà mon riche qui, pour maintenir l'équilibre de son budget, congédie son maçon, se décide à garder sa vieille voiture, vend un de ses trois chevaux, renonce à renouveler ses harnais, laisse croître les mauvaises herbes dans les allées de son jardin, ajourne le pavage de sa cour et décommande les meubles de sa salle à manger. Les travailleurs, les prolétaires, les ouvriers, dont *la sueur engraissait* ce favori de la fortune, ont gagné mille francs ; mais ils en perdent huit mille, et ils iront se consoler au café du chagrin de n'avoir plus de travail. Les voilà bien avancés !

Passons de l'état-major aux soldats, et commençons par les maraudeurs et les pillards. Le pillage légalisé ou toléré !... Quelle aubaine ! Vider les maisons où il y a de tout au profit des maisons où il n'y a de rien ! A cette idée, les yeux s'allument, les visages s'empourprent, les bouches se changent en rictus... « Enfin, la voilà ! c'est *la bonne* ! c'est la nôtre ! Tout le chemin que nous avons fait pour aller de Thiers à Jules Favre, de Jules Favre à Gambetta, de Gambetta à Louis Blanc, de Louis Blanc, à Barodet, de Barodet à Naquet, de Naquet à Malarmé, de Malarmé à Ranc, nous ne l'avons fait que pour arriver au seuil de ce château ou de cet hôtel. Votre politique ! la liberté ! les lois ! le progrès ! l'enseignement laïque ! quelles *blagues !* c'est bon pour des charlatans tels que vous ! Si nous devions nous en tenir là, nous aimerions bien mieux un Roi ou un César, sous lesquels il est plus facile au pauvre monde de gagner sa pauvre vie ! Ce qu'il nous faut, c'est du solide, et le solide, nous allons le trouver là, derrière ces murs qui cachent des trésors : billets de banque, rouleaux de louis, piles d'écus, argenterie, porcelaines, linge, literie, blé, vin, huile, provisions de toutes sortes ! Oh ! oui, si nous avons pâti, nous allons jouir... A l'ouvrage, mes enfants ! à l'ouvrage !... »

Eh! bien, cette réalité, qui semble si palpable et pour laquelle il suffit — moins que rien ! — d'oublier qu'on est homme, qu'on a été baptisé, que le vol est un crime, et que l'on va dépasser d'un bond les voleurs de profession, cette réalité est encore un mirage. D'abord, on doit admettre que les propriétaires de ces demeures opulentes ouvriront leur porte sans se défendre ou s'enfuiront sans rien emporter ; soit! Récapitulons, et vous reconnaîtrez que la Fable de la Poule aux œufs d'or est exactement applicable à vos convoitises présentes, à vos déceptions prochaines. Les billets de banque ! relégués par la faillite de l'État à côté des assignats de la première République ; les rouleaux de louis et les piles d'écus ! ne serviront à rien, puisqu'il n'y aura plus ni marchés, ni magasins, ni boucheries, ni boulangeries, ni commerce de luxe, ni rien de ce qui rend l'argent désirable. La vaisselle, le linge, les porcelaines ! qu'y mettrez-vous? et, si vous voulez les vendre, où sera le marchand? Les provisions ! ce sera l'affaire de huit jours ; après quoi, la faim et la soif vous paraîtront plus insupportables. Tous ces objets, qui sont en effet précieux et d'un bon usage dans leurs rapports avec une société régulière, n'auront pas plus de valeur que les cailloux de vos chemins et les feuilles de vos arbres, du moment que vous aurez poussé à ses dernières limites la logique républicaine. Je me trompe : il y a une chance pour que ces billets, cet or, ces bijoux, cette argenterie, ce linge, ces porcelaines, retrouvent leur prix. C'est que, après la crise, les légitimes propriétaires rentrent au logis ; c'est que la revanche des honnêtes gens ramène les magistrats sur leur siége et le juge d'instruction sur votre piste. C'est que l'on voie reparaître à l'horizon le tricorne du gendarme. Si c'est là ce que vous désirez pour pouvoir profiter des produits de votre pillage, je vous répondrai : « Et moi aussi ! »

O mes amis ! vous comprenez, n'est-ce pas ? avec quelle répugnance j'ai traité cette hideuse partie de mon sujet ? Il me semblait que je vous manquais de respect, à vous que je vois toujours si émus, si indignés, quand on signale un vol dans nos communes rurales. Mais comment faire ? La République radicale est une hydre à cent têtes. Parmi ces têtes, il y en a bien trois ou quatre qui rêvent le pillage ; il y en a au moins huit ou dix qui aspirent au partage. Nous allons voir si ce rêve-là est moins chimérique.

VI

Le partage est moins odieux, moins révoltant que le pillage, mais encore plus illusoire. Une fois qu'on est décidé à rompre avec toutes les lois divines et humaines, à braver tous les châtiments et toutes les vengeances, le pauvre, l'affamé, ou, comme dirait Victor Hugo, le *misérable*, se jetant, comme un fauve sur sa proie, là où il croit trouver ce qui lui manque, est parfaitement intelligible. Il se trompe ; au bout de huit jours, ses privations n'en seront que plus cruelles ; mais enfin il aura eu son heure d'assouvissement brutal et de revanche furieuse contre l'objet de son envie et de sa haine. Le partage, plus lent, plus réfléchi, plus méthodique, peut, si la logique radicale pousse les choses à l'extrême, se couvrir d'une sorte de légalité. Voyons quels en seraient, pour les parties *prenantes*, les résultats et les bénéfices.

J'ai scrupuleusement étudié la statistique de mon canton ; j'ai consulté le cadastre, l'impôt foncier, les experts, et voici à quels chiffres je suis arrivé :

D'abord il faudrait admettre une invraisemblance plus colossale que toutes les autres ; il faudrait supposer que, parmi les vagabonds qui viennent mendier à notre porte, parmi les ouvriers sans travail que nous envoie le trop-plein des grandes villes, pas un n'aura l'idée de s'inviter à cette petite fête de famille ; non, nous restons entre nous, sans parasites, bien tranquilles, comme s'il s'agissait de voter les fonds d'un syndicat ou le traitement d'un garde champêtre ; nous

nous distribuons fraternellement ce qui est aujourd'hui usurpé par le riche, et chaque habitant du canton sort de cette distribution en se frottant les mains, — avec cinquante-six francs de rente ; pas un centime de plus !

Oui, cinquante-six francs ; mais entendons-nous ! Pour que cette somme, déjà bien médiocre, ne soit pas réduite à néant, il faut faire un pas de plus dans la voie des invraisemblances, ou plutôt des impossibilités. Nous avons à nous figurer que rien ne sera changé aux conditions de la culture, aux rapports de la consommation avec la production. Or, quand nous aurons tous (sur le papier) cinquante-six francs de rente, où trouverez-vous un acheteur pour vos fourrages, pour vos céréales, pour les légumes de votre jardin, pour les fruits de votre verger, pour la soie de vos cocons, pour la laine de vos brebis, pour la viande de votre bétail ? Qui pourra se passer le luxe d'un cheval ou même d'un âne, d'un pain blanc sur sa table, d'un gigot à sa broche, d'une pêche dans son assiette, d'un chou-fleur dans sa marmite, d'une robe sur les épaules de sa femme ou d'un paletot sur les siennes ? Vous-même, quand vous aurez cultivé vos vingt-quatre ares de terrain, que ferez-vous ? Où irez-vous ? Chez le voisin ? Mais le voisin n'aura pas de quoi vous payer votre journée. D'ailleurs, pour qui travailler, puisque le produit de votre travail sera perdu ? Et à quoi bon partager, si ce n'est pas pour vous croiser les bras et *vivre de vos rentes ?* Ainsi donc, le jour où vous vous croiriez au comble de vos vœux, vous seriez plus malheureux que jamais. Vous maudissez l'inégalité des fortunes, et, le jour où cette inégalité disparaîtrait, vous n'obtiendriez, en échange, que l'égalité du désespoir et de la misère ! Vos conseillers, vos courtisans, vos corrupteurs, vos meneurs, ceux qui vous adjurent de voter pour eux, afin, disent-ils, d'agir et de parler pour vous, nous traitent de rétrogrades ou de stationnaires. Ils nous accusent de nous immobiliser dans notre égoïsme, de ne pas aimer le peuple, de repousser tout ce qui peut améliorer son sort, de craindre ou de haïr le progrès. Hé ! bien, voilà où vous mènerait, d'étape en étape et de conquête en conquête, ce PROGRÈS dont ils font le synonyme et le complice de leurs mensonges. Déçus par ce partage égalitaire qui serait la ruine universelle, n'ayant pas de quoi vivre dans votre bien, ne trouvant pas de travail hors de l'étroite clôture de votre terre en friche, à la fois nécessiteux et oisifs, frappés de stupeur devant les effrayantes conséquences de ce bouleversement absolu de toutes les lois sociales, ne sachant plus qui fera votre pain de chaque jour, qui fournira votre pot-au-feu du dimanche, qui se chargera de vous loger, de vous abreuver, de vous chauffer, de vous vêtir, vous descendriez rapidement à l'état sauvage, et le dernier mot du progrès serait le premier mot de la barbarie !

La barbarie ! Je ne croyais pas si bien dire !... La barbarie sous tous ses aspects, la barbarie du dedans et du dehors ! J'ai discuté toutes ces brûlantes questions du radicalisme à outrance, du triomphe électoral de la démagogie, du socialisme, du communisme, du partage, du pillage, comme s'il ne devait pas y avoir de résistance. Il y en aurait, soyez-en sûrs, et, dans cet épouvantable conflit entre l'attaque et la défense, la petite propriété serait encore plus énergique que la grande. On a dit que la guerre civile ne pouvait plus s'acclimater en France. Hélas ! oui, c'est peut-être vrai, si l'on songe à l'affaiblissement des convictions et des caractères ; c'est peut-être vrai, tant qu'on n'aurait à se battre que pour des idées, des préférences, une cocarde et un drapeau. Mais essayez de toucher à l'arche sainte des sociétés qui n'ont plus de saints : essayez de distribuer à des fainéants, à des insolvables, à des ivrognes, à des *mangeurs,* les cinq ou six hectares qu'un paysan économe et laborieux aurait acquis à la sueur de son front en mettant *sou sur sou* pendant trente ans ; vous verrez si *çà brûle !* Vous verrez s'il n'y a plus en France l'étoffe d'une guerre civile ! Au fait, comment en serait-il autrement ? On est décidé à ne plus émigrer ; d'ailleurs, où irait-on ? On sait quels seraient les lendemains de ces spoliations légales. Les radicaux et les communistes, maîtres de la situation, se seraient arrangés pour nous dégoûter de la vie, quand même, dans ces crises désespérées, la mort n'apparaîtrait pas comme une délivrance. Vous vous souvenez du farouche mot d'ordre de l'insurrection Lyonnaise : « Vivre en travaillant, ou mourir en combattant ! » — Je crois entendre d'ici le cri de tous les Français qui possèdent quelque chose, au moment où on tenterait de leur arracher cette propriété, grande ou petite, à laquelle ils tiennent comme à une partie essentielle de leur existence, comme à cette chair dont le Shylock démagogique voudrait leur couper un morceau près du cœur : « Vivre pour défendre mon bien, ou mourir s'il faut le perdre ! »

Oui, vous auriez la guerre civile, furieuse, implacable, dévorante, acharnée à déchiqueter les misérables lambeaux qui nous resteraient après tant de calamités et de catastrophes... Ou plutôt, non ! je me trompe encore ; vous ne l'auriez pas ; vous n'en auriez pas le temps ; un autre ennemi, plus puissant, aussi terrible, un ennemi dont les communards ont, une fois déjà, accepté ou recherché l'alliance, serait là pour nous mettre d'accord. Nos vainqueurs de 1870 et 1871 saisiraient au *vol* cette occasion admirable de jouer le rôle du troisième larron. Ici je cède la parole à un plus digne. Je n'ai, pour vous persuader, que mon âge, mon expérience, la sincérité de ma conviction, la franchise de mon amitié, et mon désintéressement personnel dans la question électorale. Mais voici un des plus illustres serviteurs du pays, une des gloires de notre marine, un homme qui a été ministre et qui sait ce que vous faites semblant d'ignorer, le vice-amiral de Dompierre d'Hornoy ; écoutez-le : « Je veux, dit-il dans une circulaire noblement patriotique, je veux surtout que l'étranger insolent ne vienne plus s'asseoir en maître à notre foyer ; et il est là-bas qui nous regarde et épie l'instant où nos dissensions intérieures lui permettront d'y revenir !.. »

Lui permettront d'y revenir ! Hélas ! rien de plus vrai, et voilà l'argument suprême que vous devriez avoir sans cesse présent à l'esprit, au lieu d'écouter les gens dont l'abominable propagande prépare le retour des Bismark et des Manteuffel.

Donc, un mot avant de finir. Quelques-uns de nos diplomates, de nos officiers, de nos publicistes, sont allés à Berlin dans ces derniers temps. Voulez-vous connaître leurs impressions ? L'organisation militaire, dont nous avons appris à nos dépens la supériorité formidable, est arrivée là-bas à un degré de précision et de perfection dont on ne saurait se faire une idée. C'est comme une machine gigantesque, dont tous les rouages sont des chefs-d'œuvre, et qui fonctionne à coup sûr. Seulement, elle coûte horriblement cher, et, d'après le vieil adage que « bien mal acquis ne profite jamais, » il paraît certain que nos milliards se sont fondus, évaporés, dissous, évanouis, émiettés, sans laisser de trace. Le grand chancelier et son groupe seraient d'autant plus enclins à recommencer, qu'ils ont été stupéfaits de notre promptitude à réaliser cette rançon fantastique, qu'ils se désolent de ne pas nous avoir demandé davantage, et surtout qu'ils calculent le nombre des départements épargnés par l'invasion. Qu'attendent-ils ? Qu'espèrent-ils ? Que désirent-ils ? Un prétexte. Or pourraient-ils en avoir un meilleur que des élections radicales qui leur permettraient de dire à l'Europe : « Laissez-nous donc en finir avec ces incorrigibles ! Laissez-nous étouffer une bonne fois ce foyer de révolution et de démagogie, qui vous maintient, depuis près d'un siècle, dans un état d'inquiétude et de malaise ! » — Ce qui en adviendrait, n'est-il pas trop facile de le prévoir ? Si les élections sont conservatrices, plus de prétexte plausible ; la paix est assurée, et nous avons devant nous des années pour cicatriser nos blessures. Si les élections, par leur caractère radical, agressif, socialiste, ultrà-révolutionnaire, ressemblent à un défi lancé, non-seulement contre les puissances qui nous sont sympathiques, mais contre toutes les notions de gouvernement, contre toutes les conditions de sécurité Européenne, il n'y a pas d'illusion possible ; la guerre ! La guerre avec des chances encore pires et des résultats encore plus atroces qu'en 1870 ; la guerre, et, cette fois, ce que les Allemands envahiront de préférence, ce ne seront pas les provinces de l'Est et du centre, qu'ils ont occupées, rançonnées, saccagées, ruinées, épuisées ; ce sera notre Midi, qu'ils se représentent — bien à tort — comme une terre prómise ; Lyon, qu'ils flairaient déjà en 1871, qu'ils savent ou qu'ils croient peuplé de millionnaires, et dont un témoin peu suspect, M. Challemel-Lacour, disait qu'il n'aurait pas cinq cents hommes à opposer à l'ennemi, tandis que les héros du 4 septembre continuaient à l'Hôtel de ville leur orgie de drapeau rouge ; ce seront nos villes natales, les berceaux de notre enfance et de notre jeunesse : Valence, Avignon, Nîmes, Aix, Marseille, Toulon, Montpellier, Toulouse, Arles ; horreur ! Les plus belles fleurs de notre Languedoc et de notre Provence, foulées, piétinées, écrasées par les Uhlans, ces sinistres cavaliers noirs de l'incendie, du pillage et de la nuit !

Résumons nous : Le 8 février 1871, vous avez donné une majorité immense aux candidats conservateurs, parce que vous vouliez affirmer votre volonté odieusement baillonnée par les dictateurs de septembre, et terminer cette lutte sans espoir, qu'ils continuaient pour prolonger leur dictature. Vous aviez bien raison ; mais, en réalité, la guerre était finie. Paris n'avait plus de pain, la France n'avait plus d'armée, et, grâce à une *distraction* de M. Jules Favre, les derniers débris de nos troupes, exceptés de l'amnistice, allaient s'ensevelir sous les neiges du Jura, périr de froid et de faim de ce côté de la frontière, tomber sous l'artillerie Prussienne, ou se faire interner en Suisse. Tout le monde voulait la paix, même nos vainqueurs, et, lorsque les républicains de l'Assemblée votaient la continuation de la guerre, c'était une mauvaise action de plus ; car ils savaient très-bien qu'ils resteraient en minorité, que leur vote ne signifiait rien, et que, un jour, ils en seraient plus populaires sans avoir été plus exposés. Aussi, dussiez-vous m'accuser de paradoxe, me traiter de trembleur, d'alarmiste, d'oiseau de mauvais augure, je ne crains pas d'assurer que, si vos choix s'égaraient sur ces noms détestables, synonymes de haine, de sédition, de ruine, de destruction, de bouleversement et de désordre, vous seriez plus près des Prussiens que vous ne l'étiez, il y a cinq ans.

Electeurs ! Vous avez, le 8 février 1871, nommé des députés conservateurs, pour clore la troisième invasion. Le 20 février 1876, nommez des députés conservateurs, **AFIN D'ÉVITER LA QUATRIÈME.**

FIN

www.ingramcontent.com/pod-product-compliance
Lightning Source LLC
LaVergne TN
LVHW010041230826
846091LV00005B/1817
* 9 7 8 2 0 1 3 3 7 7 1 5 7 *